Heidi Anders

55 Stundeneinstiege Englisch

einfach, kreativ, motivierend

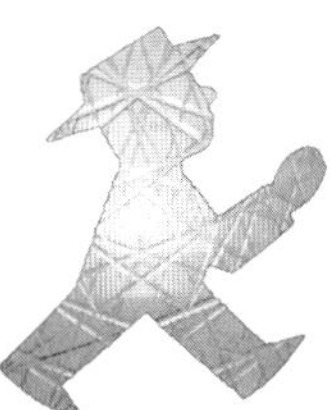

Gedruckt auf umweltbewusst gefertigtem, chlorfrei gebleichtem und alterungsbeständigem Papier.

7. Auflage 2018
Nach den seit 2006 amtlich gültigen Regelungen der Rechtschreibung

Illustrationen: Trantow atelier, Kenzingen
Umschlagfoto: Fotolia
Satz: krauß-verlagsservice, Ederheim / Hürnheim
Druck und Bindung: Franz X. Stückle Druck und Verlag, Ettenheim
ISBN 978-3-403-**06327**-8

www.auer-verlag.de

Womit soll ich meine Stunde beginnen?

Bei der Planung einer Stunde sind wir uns über die tragenden Elemente und deren Abfolge meist schnell im Klaren. Dagegen fällt es oft schwer, abwechslungsreiche, motivierende und gleichzeitig den Lernbereichen des Fachs Englisch zuträgliche Einstiege in eine Unterrichtsstunde bzw. in ein neues Thema zu finden. Diese Handreichung stellt hierfür einen Pool an Möglichkeiten bereit.

Ziel von Stundeneinstiegen ist es, über die wenig anregende Frage *What did we do in our last lesson?* hinaus:

- ein *warming-up* zur Einstimmung auf das Fach zu bieten;
- eine rückblickende oder vorausschauende Funktion zu haben;
- echte Kommunikationsanlässe zu bieten, auch für schwächere Schüler/-innen[1];
- Schüler praxisorientiert und affektiv in die Stunde hineingleiten zu lassen;
- kognitive Denkleistungen zunächst in den Hintergrund zu rücken;
- das Interesse der Schüler durch einen facettenreichen Medien- und Methodeneinsatz zu wecken;
- schülerzentriertes Arbeiten zu fordern und zu fördern;
- Spannung zu erzeugen und eine Erwartungshaltung aufzubauen;
- die Fantasie und Kreativität der Schüler anzuregen;
- bekannte und unbekannte Inhalte zu vernetzen;
- an Erfahrungen und Vorkenntnisse der Schüler anzuknüpfen;
- die Schüler für eine effektive Zusammenarbeit zu disziplinieren.

Die hier beschriebenen Aktivitäten für den Stundeneinstieg bewegen sich in einem zeitlichen Rahmen von ca. 1–10 Minuten, sodass der Hauptteil der Stunde wie gewohnt den klassischen Elementen wie Erarbeitung und Ergebnissicherung gewidmet werden kann. Gleichwohl erlauben die Anregungen einen nahtlosen Übergang zur Besprechung der Hausaufgabe oder zur weiteren Bearbeitung des Unterrichtsthemas.

Alle hier enthaltenen Vorschläge wurden im Unterricht erprobt und enthalten sehr praxisnahe Hinweise zur Durchführung. Sie können abgewandelt werden und flexibel an spezifische Bedürfnisse adaptiert werden.

Der Aufbau der Handreichung

Die Handreichung bietet einen Ideenschatz zu allen Lernbereichen des Englischunterrichts und deckt somit **Wortschatz**, **Landeskunde**, **Grammatik** und **Umgang mit Texten und Literatur** ab. Bei den Übungen im Abschnitt **Ver-**

1 Wenn in diesem Buch vom Schüler gesprochen wird, ist immer auch die Schülerin gemeint. Ebenso verhält es sich mit Lehrer und Lehrerin.

mischtes steht insbesondere die Förderung fachunabhängiger Kompetenzen wie Präsentations- oder Argumentationskompetenz im Vordergrund.

Jede der vorgestellten Methoden wird einer **Jahrgangsstufe** zugeordnet, in der aufgrund des nötigen Vorwissens der Schüler die Verwendung frühestens sinnvoll erscheint. Zur Orientierung des Lesers ist hier eine aufsteigende Reihenfolge gewählt worden. Das 1. Lernjahr entspricht hier der 5. Jahrgangsstufe.

Die Angabe der **Dauer** entspricht einem Erfahrungswert, wobei der genannte Zeitrahmen sowohl nach oben wie auch nach unten flexibel und an den individuellen Bedürfnissen ausgerichtet gehandhabt werden kann.

In den Fällen, wo besondere **Voraussetzungen** erfüllt sein sollten oder wo **Material** vorbereitet werden muss, ist dies angegeben. Vor dem Hintergrund der raschen Handhabung sind die Erläuterungen zur **Durchführung** stichpunktartig formuliert. Wo es zur Veranschaulichung geboten erschien, wurden konkrete Beispiele aufgenommen und mit möglichen Lösungen versehen.

Für bestimmte wiederkehrende Begriffe wurden zur besseren Orientierung Icons vewendet:

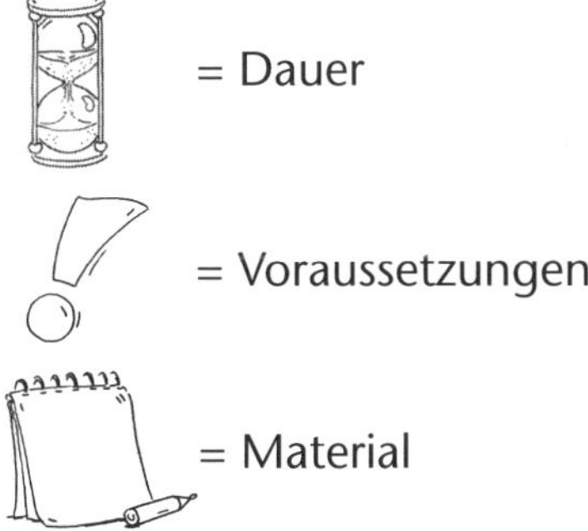

Viele der Ideen sind aus unterrichtspraktischen Gründen an einem Thema illustriert, grundsätzlich jedoch in einem viel breiteren Rahmen einsetzbar, wozu an geeigneten Stellen auch Tipps gegeben werden. Andere Möglichkeiten können völlig unabhängig von einem thematischen Kontext Anwendung finden. Unter **Weitere Hinweise** finden sich Anregungen, in welchen anderen Lernbereichen und Varianten die jeweilige Idee noch verwendet werden kann, sowie mögliche Weiterführungen der Stunde.

Zum leichteren Wiederauffinden bestimmter Aktivitäten finden sich im **Index** alle Titel in alphabetischer Reihenfolge aufgelistet.

keine besonderen Voraussetzungen

Stift, Heft oder Papier für jeden Schüler

Durchführung:

- Lehrer nennt einen Begriff.
- Schüler notieren innerhalb von einer Minute möglichst viele Wörter, die sie mit dem Begriff assoziieren.
- Einige Schülerlösungen werden mündlich präsentiert.

Beispiele:

school: *teacher, playground, desk, book, board, schoolbag, read, write ...*
pets: *dog, cat, budgie, horse, turtle, hamster, mouse ...*
my bedroom: *bed, window, computer, desk, chair, poster, magazine, book ...*
our classroom: *door, wall, pupils, teacher, desks, chairs, pictures ...*
city: *streets, houses, shopping centre, swimming pool, bookshop, cars, taxis ...*

Weitere Hinweise:

Die Methode lässt sich in jeder Jahrgangsstufe einsetzen. Sie eignet sich nicht nur zur Wortschatzarbeit, sondern beispielsweise auch dazu, in kurzer Zeit einen inhaltlichen Überblick zu einem landeskundlichen Thema zu erarbeiten. In diesem Fall würde man die Schüler zu einem landeskundlichen Brainstorming anhalten (z. B. *In one minute write down as many features as you are able to associate with Canada.*).

Das Sammeln von Wörtern zu einem festgelegten Überbegriff kann auch in Form eines Wettbewerbs durchgeführt werden, in dem Partner oder Kleingruppen gegeneinander antreten.

Steht die Hausaufgabe thematisch in Zusammenhang mit dem erarbeiteten Wortfeld, lässt sich direkt zu dieser überleiten. Alternativ kann mit speziellen, von den Schülern genannten Begriffen weitergearbeitet werden.

keine besonderen Voraussetzungen

kein Material

Durchführung:

- Lehrer nennt einen Oberbegriff.
- Anschließend sagt er langsam das Abc auf.
- Schüler nennen Wörter, die mit dem genannten Buchstaben des Alphabets anfangen und zu dem Oberbegriff passen.

Beispiele:

family: *aunt, baby, to celebrate, daughter …*
a person's character: *ambitious, boring, cunning, decent …*
holidays: *Africa, books, cities, Denmark …*

Weitere Hinweise:

Wenn für den einen oder anderen Buchstaben keine Schülerantworten kommen, kann das akzeptiert werden; hier geht es in erster Linie um die Reaktivierung des Wortschatzes auf breiter Ebene.

Die Übung kann auch über einen Stundeneinstieg hinausgehen, indem die Schüler ihre Ideen nicht spontan äußern, sondern zunächst in Einzel- oder Partnerarbeit aufschreiben und bei anschließendem Vergleich ihre Ergebnisse ergänzen. Die gefundenen Lexeme können in Form einer Mind Map auf Tonpapier festgehalten und im Klassenzimmer präsentiert werden.

Die Abc-Abfrage bietet sich auch an, um ein landeskundliches Thema zu vertiefen (z. B. *Australia* → *Ayers Rock, Brisbane, crocodile …*).

keine besonderen Voraussetzungen

ca. 3 DIN-A4-Blätter, jeweils längs halbiert; auf jeder Blatthälfte wird vorab in großen Buchstaben ein Begriff geschrieben.

Durchführung:

- Ein Blattabschnitt mit einem Begriff wird so vor der Klasse hochgehalten, dass alle Schüler ihn nur *kurz* sehen können.
- Sofort nach dem Hochhalten äußern die Schüler, was sie gelesen haben.
- Vorgang kann mit ca. 5 verschiedenen Wörtern wiederholt werden.

Weitere Hinweise:

Das affektive Moment kann noch gesteigert werden, indem die Blätter falsch herum gehalten oder einzelne Buchstaben in den Wörtern durch Lücken ersetzt werden.

Um eine reine Wiederholung isolierter Begriffe zu vermeiden, sollten die Schüler mit jedem gefundenen Begriff vollständige Sätze formulieren. Im weiteren Prozedere kann erfragt werden, in welchem Kontext die Wörter im aktuellen Lehrbuchtext stehen.

keine besonderen Voraussetzungen

kein Material

Durchführung:

- Lehrer „spricht" ein Wort, aber nicht laut, sondern nur mit Lippenbewegungen.
- Schüler erraten das „vorgesprochene" Wort.
- Vorgang kann mit ca. 5 verschiedenen Wörtern wiederholt werden.

Weitere Hinweise:

Um eine reine Wiederholung isolierter Begriffe zu vermeiden, sollten die Schüler mit jedem gefundenen Begriff vollständige Sätze formulieren. Im weiteren Prozedere kann erfragt werden, in welchem Kontext die Wörter im aktuellen Lehrbuchtext stehen.

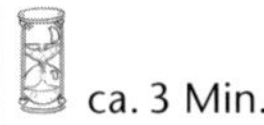

Schüler haben Einblicke in die Lautschrift.

Overheadprojektor, Folie mit Text in Lautschrift (entweder einzelne Wörter, ein Abschnitt eines Lehrbuch- oder eines den Schülern unbekannten Textes)

Durchführung:

- Lehrer legt Folie auf.
- Schüler lesen die transkribierten Wörter bzw. Texte vor.

Weitere Hinweise:

Werden einzelne Wörter entschlüsselt, sollte anschließend die Einbettung in einen Kontext vorgenommen werden. Lesen die Schüler einen ganzen Text vor, kann unmittelbar mit der Wiederholung des Lehrbuchtextes begonnen werden. Die Wörter können auch an der Tafel fixiert werden, um den Zusammenhang zwischen Lautbild und Schriftbild zu verdeutlichen.

Alternativ kann die Folie auch in häuslicher Arbeit von einem Schüler vorbereitet und in der Stunde mit den Klassenkameraden ausgewertet werden.

1.6 Spiegelschrift

ca. 3 Min. | ab Kl. 5

keine besonderen Voraussetzungen

Overheadprojektor, Folie mit Text (entweder einzelne Wörter, ein Abschnitt eines Lehrbuch- oder eines den Schülern unbekannten Textes)

Durchführung:

- Lehrer legt Folie verkehrt herum auf, sodass der Text in Spiegelschrift erscheint.
- Schüler versuchen, den Text vorzulesen.
- Durch Umdrehen der Folie wird die Lösung präsentiert.

Weitere Hinweise:

Alternativ kann die Folie einem Schüler mit nach Hause gegeben werden, damit er einen eigenen kurzen Text verfasst und diesen spiegelschriftlich der Klasse präsentiert.

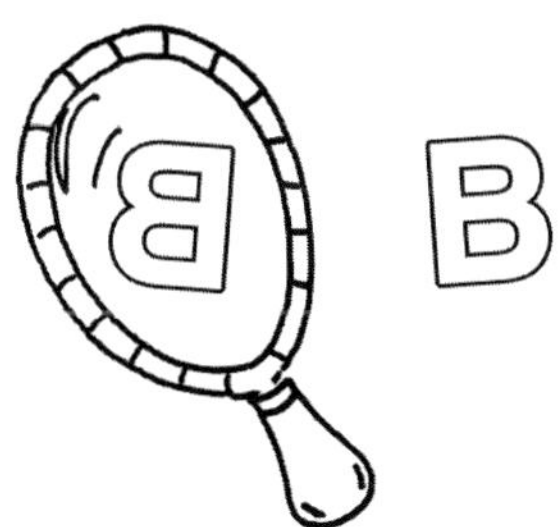

Schüler können auf Englisch buchstabieren.

kein Material

Durchführung:

- Lehrer buchstabiert in sehr schnellem Tempo ein Wort.
- Schüler nennen das buchstabierte Wort.
- Die Übung mit ca. 5 verschiedenen Wörtern wiederholen.

Weitere Hinweise:

Die erratenen Wörter sollten kontextualisiert werden, indem die Schüler Sätze formulieren oder sie in eine kleine Geschichte einbinden. Geübte und sichere Schüler können das schnelle Buchstabieren vor der Klasse übernehmen.

1.8 *Hangman*

ca. 5 Min. | ab Kl. 5

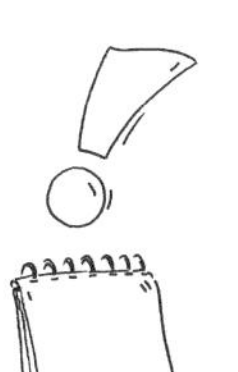

Schüler kennen das Alphabet auf Englisch.

Tafel

Durchführung:

(Entsprechend dem allgemein bekannten Galgenmännchen-Spiel)

- Lehrer malt für jeden Buchstaben des zu erratenden Wortes einen Unterstrich an die Tafel.
- Schüler fragen nach den möglichen Buchstaben.
  (*Is there a/an … in your word?*)
- Ist der erfragte Buchstabe Teil des Wortes, wird er an die richtige/n Stelle/n geschrieben; ansonsten wird der *hangman* (das Galgenmännchen) mit einem Strich weitergezeichnet.
- Schüler versuchen, das Wort zu erraten, bevor der *hangman* vollständig ist.

Weitere Hinweise:

Für dieses Spiel gibt es viele Einsatz- und Variationsmöglichkeiten. Es kann beispielsweise als Wettbewerb zwischen zwei Gruppen gestaltet werden. Gerade jüngere Schüler schlüpfen aber auch selbst gern in die Rolle des Lehrers und denken sich ein Wort aus, das die Mitschüler erraten sollen.

Stellt der Lehrer das Rätsel, kann der zu erratende Begriff zum Thema oder zum Text der Stunde hinführen. Genauso gut eignet sich das Spiel als *warming-up* in einer Stunde, in der ein schriftlicher Leistungsnachweis zurückgegeben wird; das gesuchte Wort könnte dann zum Beispiel *correction* sein.

keine besonderen Voraussetzungen

Overheadprojektor, 14 Folienschnipsel mit jeweils einer Vokabel darauf, Schülerhefte oder Notizzettel

Durchführung:

- Die Folienschnipsel werden kommentarlos nacheinander auf den eingeschalteten Overheadprojektor gelegt und bleiben jeweils ein paar Sekunden liegen; dann wird der Projektor wieder ausgeschaltet.
- Anweisung für die Schüler: *Write down as many words as you can remember.*
- Schüler schreiben die Vokabeln in ihr Heft bzw. auf ihren Notizzettel.

Weitere Hinweise:

Die Methode eignet sich zur Wiederholung von Vokabeln der aktuellen Lektion oder eines bestimmten Wortfeldes. Im Bereich der Grammatik kann sie eingesetzt werden, wenn man beispielsweise Signalwörter für bestimmte Zeiten (*simple present, present progressive, simple past, present perfect, will-future*) reaktivieren oder bestimmte Konjunktionen sammeln möchte. Auf ähnliche Weise können im Bereich der Texterstellung Wortfelder behandelt werden, die für bestimmte Textsorten nötig sind, wie z. B. *discourse markers* für das Verfassen einer Stellungnahme (*personal comment*).

Die Übung kann auch rein auditiv erfolgen, indem der Lehrer auf die Folienschnipsel verzichtet und die Wörter einfach nacheinander ausspricht.

1.10 Montagsmaler

keine besonderen Voraussetzungen

Overheadprojektor, Folie, Folienstift, ca. 5 Kärtchen mit zu zeichnenden Begriffen

Durchführung:

- Ein Schüler bekommt ein Kärtchen und versucht, auf der Folie den Begriff zeichnerisch darzustellen.
- Mitschüler versuchen, den Begriff zu erraten. (*Is this a/an ...?*)
- Wer den Begriff errät, darf den nächsten zeichnen.
- Die Übung mit ca. 5 Begriffen wiederholen.

Weitere Hinweise:

Werden die Wörter für diese Übung direkt dem aktuellen Lehrbuchtext entnommen, kann sich die Wiederholung des Textes nahtlos anschließen. Bei dem Spiel kann es aber auch um Wörter aus einem ausgewählten Wortfeld gehen, mit dem im weiteren Verlauf der Stunde gearbeitet werden soll.

1.11 Pantomime

ca. 5 Min. | ab Kl. 5

keine besonderen Voraussetzungen

Kärtchen mit Begriffen, die pantomimisch dargestellt werden sollen (Substantive, Verben oder Adjektive, die sich szenisch gut umsetzen lassen; Lehrbuch-Figuren)

Durchführung:

- Ein Schüler zieht ein Kärtchen und spielt den Begriff pantomimisch vor.
- Mitschüler versuchen, durch gezieltes Fragen den Begriff zu erraten. Erlaubt sind nur Fragen, die mit „ja" oder „nein" beantwortet werden können. (*Are you reading a book?, Are you bored?, Are you a dog?...*)
- Wer den Begriff errät, darf den nächsten Begriff darstellen.
- Die Übung mit ca. 5 Begriffen wiederholen.

Weitere Hinweise:

Bei dieser Übung ergeben sich automatisch vollständige Fragesätze. Damit kann die Methode auch zum gezielten Wiederholen von Fragestrukturen eingesetzt werden.

keine besonderen Voraussetzungen

kein Material

Durchführung:

- Lehrer stellt der Klasse eine Frage, die als Antwort eine Aufzählung nach sich ziehen kann.
- Ein Schüler gibt eine Antwort in einem vollständigen Satz.
- Der nächste Schüler nimmt diese Antwort auf, fügt eine weitere Idee hinzu und so weiter (siehe Beispiel).

Beispiel:

What's in your school bag?

1. Schüler: *There's a pencil in my school bag.*
2. Schüler: *There's a pencil in my school bag and there's a rubber in my school bag.*
3. Schüler: *There's a pencil in my school bag, there's a rubber in my school bag and there's a pencil case in my school bag.*
4. Schüler: …

Andere Fragenbeispiele: *What have you got in your bedroom?, What did you do yesterday afternoon? …*

Weitere Hinweise:

Je nach Leistungsvermögen der Schüler kann ein Kettensatz aus bis zu zwölf Teilen gebildet werden.

Aus dem Beispiel wird ersichtlich, dass sich Kettensätze nicht nur zur Verfestigung des Wortschatzes eignen, sondern dass bei dieser Übung auch Strukturen eingeschliffen werden können (*there is/there are, has/have got*). Durch eine entsprechend formulierte Impulsfrage können die Kettensätze ebenso im *present progressive, simple present, simple past, past progressive, present perfect, will-future* und *going-to-future* generiert werden.
Diesem Stundeneinstieg kann sich also ein Arbeiten mit bestimmten Wörtern oder eine Wiederholung von Strukturen und deren Regeln anschließen.

keine besonderen Voraussetzungen

Overheadprojektor, Folienschnipsel mit Buchstaben in Blockschrift (ausgewählte Begriffe werden zu Buchstabenschnipseln zerschnitten)

Durchführung:

- Lehrer legt die Buchstaben als Folienschnipsel ungeordnet auf den Overheadprojektor.
- Schüler kommen einzeln nach vorne und legen die Buchstaben zu den gesuchten Wörtern zusammen, alle Legerichtungen sind möglich. Alternativlösungen können auch zugelassen werden.
- Evtl. können mehrere Durchgänge gespielt werden.

Beispiel:

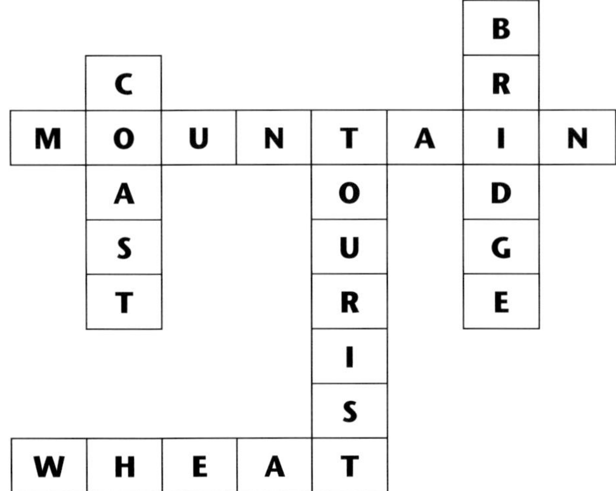

Weitere Hinweise:

Stammen die Wörter aus dem aktuellen Lehrbuchtext, kann ausgehend von der Lösung des Rätsels zu einer Wiederholung des Textes übergeleitet werden.

Wenn man im Bereich der Wortschatzarbeit bleiben möchte, ergibt sich hier die Möglichkeit, eine passende Mind Map zu entwickeln.

Es gibt im Internet eine Reihe kostenloser „*Puzzlemaker*", die dem Lehrer, nachdem er die von ihm gewünschten Wörter eingegeben hat, die Arbeit abnehmen (z. B. http://www.puzzle-maker.com/, http://puzzlemaker.discoveryeducation.com/, http://www.lehrer-online.de/puzzlemaker.php).

1.14 Drei gewinnt

keine besonderen Voraussetzungen

Overheadprojektor, Folie mit Gitternetz (5 mal 5 Felder, mit deutschen Begriffen), Folienstifte in zwei Farben

Durchführung:

- Klasse wird in 2 Gruppen aufgeteilt. Die Gruppen sitzen zusammen. Jede Gruppe bekommt einen der Folienstifte.
- Lehrer legt die Folie auf.
- Gruppen versuchen, in ihrer Farbe 3 Wörter in horizontaler, vertikaler oder diagonaler Folge zu gewinnen und dies bei der anderen Gruppe zu verhindern.
- Gruppen sind abwechselnd an der Reihe. Jeweils ein Schüler nennt eines der deutschen Wörter auf der Folie auf Englisch.
- Ist die Übersetzung richtig, wird das Wort farblich gekennzeichnet; bei falscher Übersetzung wird nichts gekennzeichnet. In jedem Fall ist die nächste Gruppe wieder an der Reihe.

Beispiel:

Thema: *Australia*

Kreuz	Kolonie	Gefangener	Oper	Ureinwohner
staubig	Pflanze	Schlange	Krokodil	Siedler
Schafscherer	Sehenswürdig-keit	Känguru	Koala	Korallenriff
tauchen	giftig	gefährlich	Einwanderer	handeln
Sonnenbrand	Besonderheit	verhungern	Gelände-wagen	Sonnenhut

Weitere Hinweise:

Mit entsprechend ausgewählten Wörtern kann das Spiel geschickt als Einstieg in verschiedene Stundenthemen genutzt werden. Beispielsweise können reflexive Verben in den Feldern stehen und sich dann eine Grammatikeinheit zu diesem Thema anschließen.

keine besonderen Voraussetzungen

Overheadprojektor, Folie mit Foto

Durchführung:

- Lehrer legt Bildfolie auf.
- Schüler sollen sich das Foto ca. 10 Sekunden lang anschauen.
- Overheadprojektor wird ausgeschaltet und Schüler müssen aus dem Gedächtnis Fragen zum Bild beantworten.

Beispiele:

© Jean-Marie LANLO – Fotolia.com

© Gorilla – Fotolia.com

mögliche Fragen:

Who can you see in the picture?
What are they doing?
What are they wearing?
How can you describe their feelings?
What is the weather like?
…

mögliche Fragen:

Who can you see in the picture?
What are they doing?
What are the people wearing?
Where could it be?
…

Weitere Hinweise:

Bildfolien zum Lehrbuch können auf diese Weise als Hinführung zum Lehrbuchtext genutzt werden, ohne den Inhalt vorwegzunehmen.

Im Anschluss an diesen Stundeneinstieg können auch gezielt die Redemittel zur Bildbeschreibung erarbeitet und geübt werden.

keine besonderen Voraussetzungen

Schülerheft oder Notizzettel, Lehrbuch (eine bestimmte Seite oder ein längerer Abschnitt aus dem Vokabelregister wird festgelegt)

Durchführung:

- Schüler zeichnen sich ein Bingo-Raster von 3 mal 3 Feldern; in jedem Feld muss ein Wort bzw. ein Ausdruck Platz finden.
- Aus der Seite bzw. dem Abschnitt aus dem Vokabelregister des Lehrbuchs sucht sich jeder 9 Wörter aus und trägt sie auf Englisch in sein Raster ein.
- Lehrer fragt auf Deutsch willkürlich ausgewählte Vokabeln des zugewiesenen Abschnitts ab.
- Schüler markieren ein Wort in ihrem Raster, wenn es genannt wird.
- Wer 3 aufeinanderfolgende Wörter (diagonal, vertikal, horizontal) markiert hat, ruft Bingo und ist Sieger.

Weitere Hinweise:

Die Schüler können dieses Spiel auch unter sich in Gruppen durchführen. Ebenso ist es möglich, es auszudehnen und mehr als einen Sieger zu bestimmen.

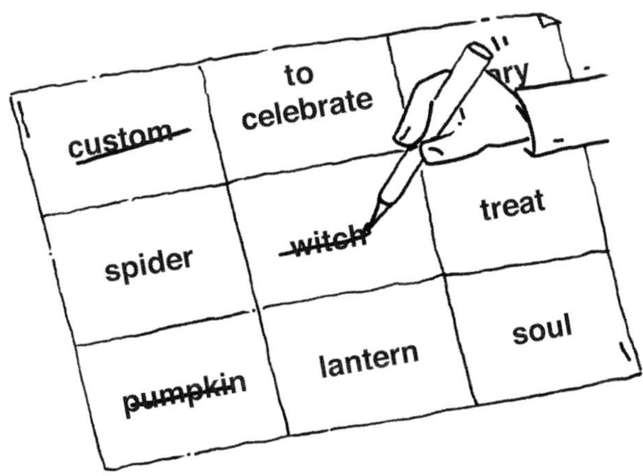

Schüler haben einen gewissen Wortschatz zur Verfügung.

3–5 Kärtchen mit jeweils einem zu erklärenden Wort (hervorgehoben) sowie 3–6 „Tabu"-Wörtern, die nicht verwendet werden dürfen

Durchführung:

- Ein Schüler erhält ein Kärtchen und erklärt den hervorgehobenen Begriff, ohne die darunter aufgeführten Tabu-Wörter zu benutzen.
- Wer einen Begriff erraten hat, darf den nächsten erklären. Wenn ein Tabu-Begriff verwendet wurde, wird zum nächsten Kärtchen übergegangen.
- Ist der Begriff innerhalb von einer Minute nicht erraten, wird die Lösung präsentiert.

Beispiele:

idiot	**century**	**to build**	**evil**
jerk silly stupid	year month hundred	house stone make	bad good nasty

Weitere Hinweise:

Mit der Auswahl und der Anzahl der Begriffe, die bei der Umschreibung nicht verwendet werden dürfen, kann der Schwierigkeitsgrad gesteuert werden. Je mehr Begriffe gemieden werden müssen, desto stärker werden die geistige Wendigkeit und die kommunikative Leistung gesteigert und desto mehr Spannung kommt ins Spiel!

Im Anschluss können die Schüler eine Geschichte mit den erratenen Begriffen schreiben oder es kann ein bereits begonnenes Thema weiterverfolgt werden.

Sehr effektiv ist es, Tabu als Einstieg in ein Brainstorming zu einer neuen thematischen Sequenz zu nutzen.

Schüler kennen eine gewisse Anzahl an Wörtern mit den vorgegebenen Präfixen/Suffixen.

Tafel

Durchführung:

- Lehrer gibt an der Tafel ein Präfix und/oder ein Suffix vor.
- Schüler nennen Wörter, die sich mit dem Präfix/Suffix verbinden lassen.
- Gefundene Wörter werden an der Tafel fixiert.
- Übung kann je nach Zeit mit weiteren Präfixen/Suffixen wiederholt werden.

Beispiele:

***un**-: unhappy, unable, unbelievable, unforgettable, unknown …*
*-**al**: national, industrial, commercial, economical …*
***im**-: impossible, impolite, impersonal, immortal …*

Weitere Hinweise:

Die Präfixe und Suffixe müssen dem Lernniveau der Klasse entsprechend so gewählt werden, dass sich jeweils mehrere Wörter durch die Schüler finden lassen.

Alternativ zum Sammeln der Wörter an der Tafel kann die Übung auch in Form eines Wettbewerbs durchgeführt werden. Dazu wird die Klasse in Gruppen eingeteilt und jede Gruppe muss innerhalb einer vorgegebenen Zeit so viele Lösungen wie möglich finden.

Um ein Sammeln isolierter Wörter zu vermeiden und vielmehr auch die Bedeutung der Wörter in Erinnerung zu rufen, können Fragen gestellt werden (*What is impossible?, When are you unhappy?, What can be unforgettable?*). Werden Präfixe gewählt, die zur Bildung von Antonymen genutzt werden, können ausgehend von den mit den Schülern erarbeiteten Lexemen in einem nächsten Schritt Antonyme auf nicht morphologischer Basis gesammelt werden (*friend – enemy, big – small, thin – thick …*).

Wörter für die Teillösungen des Rebus müssen den Schülern bekannt sein.

Overheadprojektor, Folie mit verschlüsselt dargestelltem Begriff (in Teile zerlegt, dabei können die Teile Bilder und Wörter enthalten, siehe Beispiel)

Durchführung:

- Lehrer legt Folie mit Rätsel auf.
- Hinweise an die Klasse:
  - Gesucht wird ein Lösungswort. Es setzt sich aus den dargestellten Teillösungswörtern zusammen.
  - Ziffern geben die Anzahl der Buchstaben des Teillösungswortes an.
  - Durchgestrichene Ziffern bedeuten, dass der Buchstabe für das Lösungswort nicht benötigt wird.
  - Doppelpfeil bedeutet, dass Buchstaben vertauscht werden müssen.
- Schüler suchen die Teillösungswörter.
- Am Ende ergibt sich das gesuchte Lösungswort.

Beispiel:

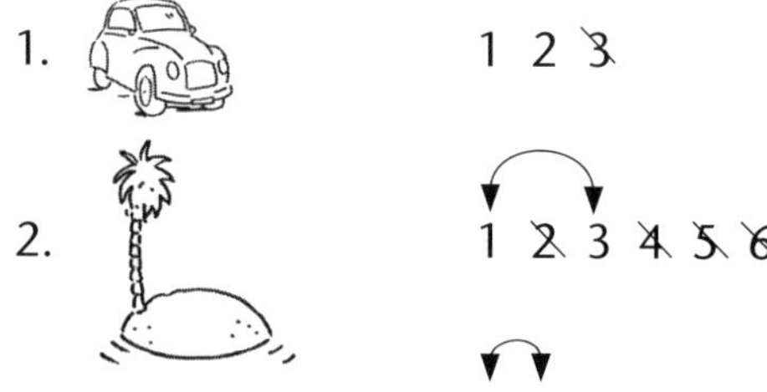

3. *preposition* 1 2
4. *a sound you can roll*
5. *???gara Falls*

Lösung: 1. ***car***; 2. ***is**land*; 3. *of*; 4. *r*; 5. ***Nia**gara Falls* → *California*

Weitere Hinweise:

Diese Art von Bilderrätsel ist für die gesamte Palette an üblichen landeskundlichen Themen denkbar. Im Anschluss an die Auflösung des Rätsels ist ein vertiefendes Brainstorming zum jeweiligen Thema möglich.

Das Erstellen eines Rebus kann als Hausaufgabe in Schülerhand gegeben werden.

Schüler haben Vorkenntnisse hinsichtlich der ausgesuchten Inhalte.

Overheadprojektor, Folie mit fiktiven *headlines* zum Thema

Durchführung:

- Lehrer legt Folie mit den fiktiven *headlines* zum Thema auf.
- Schüler ordnen die Texte historisch ein und führen sie inhaltlich präziser aus.

Beispiele:

1. ***Thank you Angles and Saxons for our country's name.***
   In the fifth century after the Romans had left, the Angles and Saxons, two Germanic tribes, invaded Britain. The two separate Anglo-Saxon kingdoms joined together and today it's known as England.
2. ***Outlaws, don't give up!***
   In 1066 the Normans under William of Normandy defeated the English at the Battle of Hastings. The Normans ruled England for the next three hundred years. Saxons and Normans hated each other because King William divided the land among the Norman lords and these lords forced the Saxons to work for them. The Saxons had few rights. Some of them broke the Norman laws and hid in the forests where they lived as outlaws. Robin Hood and his men are the most famous examples.
3. ***Thank you for the Bayeux Tapestry! We love to see how we lost.***
   The Bayeux Tapestry tells the story of the Battle of Hastings when William of Normandy invaded England and defeated King Harold of England. It shows the preparations for the war and the battle itself.

Weitere Hinweise:

Die Anfertigung der *headlines* kann auch als Hausaufgabe in Schülerhand gegeben werden. Die Schülerbeiträge werden dann vorgetragen und kommunikativ ausgewertet. Allgemein eignet sich die Methode, um historisches Faktenwissen schüleraktivierend und kommunikativ ausgerichtet zu wiederholen. Darüber hinaus kann sie auch auf aktuelle landeskundliche Inhalte übertragen werden.

Schüler kennen die Wörter des Rätsels.

Folie oder Arbeitsblatt mit Rätseltext (Umschreibung eines Landes oder einer Stadt mit eindeutigen Hinweisen zu deren Identifikation), Overheadprojektor bei Einsatz einer Folie

Durchführung:

- Lehrer legt Folie mit dem Rätsel auf oder verteilt entsprechendes Arbeitsblatt.
- Je nach gewähltem Medium erfolgt die Entschlüsselung gemeinsam im Unterrichtsgespräch oder in Einzelarbeit.

Beispiel:

Thema: *New Zealand*

My flag is mainly blue, but also red and white. It has got stars on it and the flag of another country. Queen Elizabeth II is my head of state. I consist of two islands. Special birds live on my land and there is one which cannot fly but you can eat it when it has got another shape and colour. You can find me in the south of our globe and my important neighbour is Australia. The film „Lord of the Rings" was made there.

Lösung: *New Zealand.* Hinweise auf die Lösung (*clues*) sind die Beschreibung der Flagge mit dem Kreuz des Südens, die Nennung des Staatsoberhauptes und somit die Verbindung zum *Commonwealth of Nations*, die geografische Zweiteilung bzw. die geografische Lage. Ebenso kann die Erwähnung der besonderen Fauna und des Films *The Lord of the Rings* dazu beitragen, das Rätsel zu entschlüsseln.

Weitere Hinweise:

Das geografische Rätsel lässt sich in vielen anderen landeskundlichen Kontexten einsetzen, wenn es sich um den Einstieg in eine neue Unterrichtssequenz handelt und der Unterricht so gestaltet werden soll, dass die Nennung des neuen Themas durch die Schüler erfolgt. Im Sinne des Rätselcharakters und um ein authentisches Gespräch zu initiieren, sollten die Informationen des Textes so gewählt werden, dass die Lösung nicht offensichtlich ist.

Schüler kennen die Bedeutung der im Text verwendeten Wörter.

Folie oder Arbeitsblatt mit Rätseltext (Informationstext, in dem mehrere Angaben durch falsche Informationen ausgetauscht wurden), Overheadprojektor bei Einsatz einer Folie

Durchführung:

- Lehrer legt entweder Folie mit dem Rätsel auf oder verteilt entsprechendes Arbeitsblatt.
- Je nach gewähltem Medium erfolgt die Entschlüsselung gemeinsam im Unterrichtsgespräch oder in Einzelarbeit.

Beispiel:

Thema: *The discovery of America*

Christopher Columbus was the first European to set foot on the American continent. Columbus wanted to leave Europe to run away from his terrible wife – who beat him three times a day and who had a new lover twice a week. When he arrived in America, he called the people he met Simpsons because the most common name at the time was Sim. The early settlers looked for cheap holiday houses and attractive female servants.

Lösung: *Christopher Columbus was not the first European to set foot on the American continent because the Vikings sailed to the North American continent in around AD 1000. Columbus wanted to find a new sea route to India. He called the people he met Indians because he thought he had landed in India. The early settlers were interested in gold, spices and new trading partners.*

Weitere Hinweise:

Rätseltexte für diesen Stundeneinstieg können, sofern es sich um eine Wiederholung der Inhalte handelt, von den Schülern vorbereitet werden.

Mehrere Schüler können ihre Lösungsvorschläge vortragen und mit den Mitschülern besprechen. Historisches Faktenwissen wird auf diese Weise motivierend und kommunikativ reaktiviert. Aktuelle landeskundliche Sachverhalte sind ebenfalls mit dieser Methode abrufbar.

Schüler kennen die Bedeutung der im Quiz verwendeten Begriffe.

Overheadprojektor, Folie mit Multiple-Choice-Fragen (mit jeweils 4 Antwortmöglichkeiten)

Durchführung:

- Lehrer legt Folie mit den Fragen auf.
- Schüler melden sich zur Beantwortung der Fragen oder ein Schüler versucht, alle Fragen zu beantworten.
- Lehrer geht auf Schülervorschläge ein und fordert Begründungen ein.
- Bei Bedarf dürfen „Joker" verwendet werden.
  - *half-and-half-clue*: Lehrer streicht 2 falsche Antworten, sodass nur noch aus 2 verbleibenden Antwortmöglichkeiten gewählt werden muss.
  - *audience joker*: (Wenn ein Schüler alleine antwortet) Schüler der Klasse melden sich bei der von ihnen als richtig erachteten Antwort. Die Anzahl der jeweiligen Meldungen kann dem spielenden Schüler evtl. einen Hinweis darauf geben, welche Antwort richtig ist.
- Wenn die richtige Lösung von den Schülern nicht gefunden wird, präsentiert der Lehrer die Antwort.

Beispiel:

Thema: *Ireland*

1. *Which of the following is no national symbol of Ireland?*
   a) *harp*
   b) *teddy bear*
   c) *shamrock*
   d) *thistle*
2. *Which of the following is no capital?*
   a) *Dublin*
   b) *Belfast*
   c) *Cork*
   d) *Cardiff*
3. *Which of the following is no name for Ireland?*
   a) *Ulster*
   b) *Emerald Isle*
   c) *Erin*
   d) *Eire*
4. *How many per cent of the people who live in the Republic of Ireland are Catholic?*
   a) *87 %*
   b) *80 %*
   c) *56 %*
   d) *75 %*
5. *Before the conquest by the British the Irish spoke Gaelic, a Celtic language. How high is the percentage of people in Ireland who still speak Gaelic fluently?*
   a) *28 %*
   b) *20 %*
   c) *14 %*
   d) *2 %*

Lösungen: 1d, 2c, 3c, 4a, 5d

Weitere Hinweise:

Die richtigen Lösungen dürfen nicht zu offensichtlich sein; die falschen Antworten sollten für die Schüler eine echte Option darstellen. Nur so ergeben sich innerhalb des Spiels die gewünschten Gesprächsanlässe. Ein Auswahlquiz dieser Art bietet sich sowohl als Einstieg in eine neue Unterrichtssequenz als auch als Stundeneinstieg innerhalb einer laufenden thematischen Einheit an.

2.6 *Personal Ranking*

ca. 5 Min. ab Kl. 6

Schüler kennen die auf den Bildern präsentierten Sehenswürdigkeiten.

Overheadprojektor, ca. 5 Folien mit jeweils einem Foto einer Sehenswürdigkeit aus der Stadt/dem Land, die/das thematisiert werden soll.

Durchführung:

- Lehrer legt Bildfolien nacheinander auf und erfragt dabei die Namen der Sehenswürdigkeiten.
- Einzelne Schüler kommen nacheinander zum Overheadprojektor und erstellen ihr *personal ranking* der Sehenswürdigkeiten; sie legen die Bilder entsprechend nacheinander auf und begründen ihre Wahl.

Beispiel:

Thema: *London*

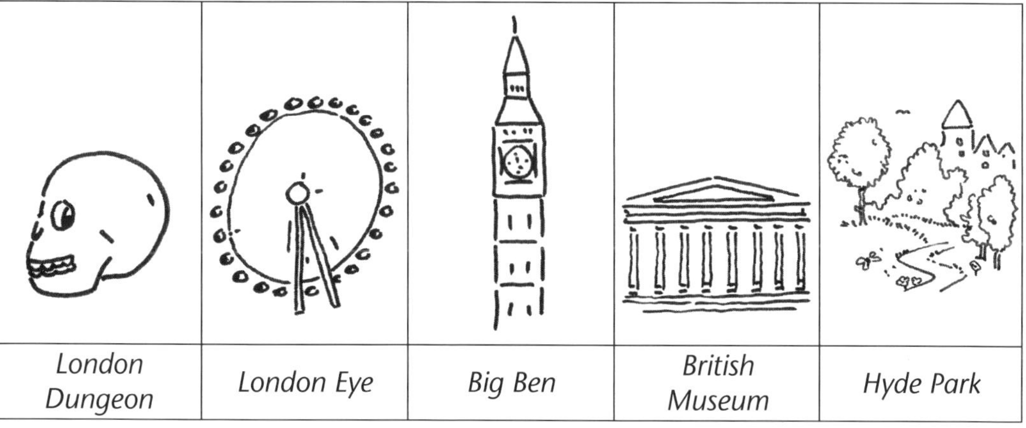

London Dungeon	*London Eye*	*Big Ben*	*British Museum*	*Hyde Park*

My favourite sight is the London Dungeon because I like scary things. I also like the London Eye because you have a fantastic view of London from there. Big Ben is okay because it's a nice sight. I don't really like the British Museum because museums can be very boring. I don't like visiting Hyde Park because there is nothing interesting to see.

Weitere Hinweise:

Ein wie oben beschriebenes *personal ranking* kann zu verschiedenen Themen erstellt werden. Bei einer Unterrichtssequenz zu Kunst und Kultur könnte der Einstieg in die erste Stunde gestaltet werden, indem der Lehrer bekannte Kunstwerke als Bildfolien auflegt. Auch weitere Sehenswürdigkeiten der englischsprachigen Welt lassen sich auf diese Weise kommunikativ und schülerzentriert in den Unterricht einbauen.

Schüler sind in der Lage, die Bildinhalte zu versprachlichen und zu interpretieren.

Overheadprojektor, Overheadfolien mit Fotos, Zeichnungen oder Cartoons, Papier zum Abdecken

Durchführung:

- Lehrer legt abgedeckte Bildfolie auf.
- Er deckt sukzessive das Bild auf und Schüler versuchen herauszufinden, was auf dem Bild dargestellt ist. Sie äußern und begründen ihre Vermutungen.
- An die Bildbeschreibung kann die Bildanalyse angeschlossen werden.

Weitere Hinweise:

Das Bild kann auch auf andere Weise erst nach und nach erkennbar gemacht werden. Es kann z. B. in Puzzleteile zerschnitten werden und die Schüler geben Anweisungen, wohin die einzelnen Teile gelegt werden sollen. Bei einem Cartoon kann die Beschriftung (*caption*) zunächst abgedeckt bleiben und von den Schülern erraten werden. Es ist auch möglich, ein Bild unscharf aufzulegen und dann immer schärfer zu stellen.

Die jeweilige Dynamisierung sollte so geschickt gesteuert werden, dass gleichzeitig echte Redeanlässe und Spannung entstehen. Es kann sich die Erarbeitung eines Wortfeldes zur Bildbeschreibung und Bildanalyse anschließen.

2.8 Fühlkiste

Schüler müssen Objekte in der Fühlkiste nicht unbedingt benennen können, aber das Erfühlte muss versprachlicht werden können.

Fühlkiste mit ca. 5 Objekten, die zum Thema gehören; Schüler sollten durch eine Öffnung in die Kiste hineingreifen und die Objekte fühlen können, ohne sie zu sehen.

Durchführung:

- Einzelne Schüler greifen nacheinander für einen Moment in die Fühlkiste und beschreiben oder benennen, was sie erfühlt haben.
- Korrekt erratene Gegenstände werden aus der Kiste herausgenommen.
- Schüler erklären, was der Gegenstand mit dem Thema zu tun hat.

Beispiele:

Wales: Rugbyball, Schiefer, Schaf, walisischer Liebeslöffel
Scotland: Golfball, Wolle, Schaf, Flasche Whisky, Wollknäuel
Shakespeare: Krone, Feder, Stück Holz, Buch

Weitere Hinweise:

Solche Fühlkisten lassen sich hervorragend für die verschiedensten landeskundlichen Themen zusammenstellen.

In Oberstufenklassen kann die Methode nicht nur zum landeskundlichen Lernen herangezogen werden, sondern auch zur konkreten Wortschatzerweiterung. Dabei kann gezielt ein Wortfeld zur Beschreibung von Gegenständen erarbeitet werden.

Schüler kennen die Bedeutung der Begriffe der Frage.

vorbereitete Fragen mit zugehörigen Antworten, auf die Schüler nicht durch Wissen, sondern durch reine Spekulation evtl. die Antwort finden können (Fragen werden von der Lehrkraft mündlich gestellt)

Durchführung:

- Lehrer stellt den Schülern eine Frage, auf die sie die Antwort nicht spontan wissen können.
- Schüler versuchen, die Antwort zu erraten. Hier sind Witz und Fantasie gefragt!
- Lehrer geht auf Schülervorschläge ein, nimmt richtige Ansätze auf und gibt Hilfestellungen.
- Ist die Frage nach 5 Minuten nicht beantwortet, wird die Lösung präsentiert.

Beispiele:

1. ***Why is Scotland Yard called Scotland Yard?***
Before the union of England and Scotland the building was the former residence of the Scottish kings or their ambassadors when they stayed in London.

2. ***Why is the Isle of Dogs called Isle of Dogs?***
The Isle of Dogs is located some distance downriver from the City of London. The name was first mentioned on a map from 1588 and supposedly King Henry VIII, who had one of his palaces in nearby Greenwich, kept his hunting dogs there.

3. ***Why is Big Ben called Big Ben?***
As we all know Big Ben is not another name for the Clock Tower, but it is the name given to the bell. It could be heard for the first time on 31st May 1859 and Parliament had a special sitting to decide on a suitable name for the great hour bell. One of the MPs, Sir Benjamin Hall, a rather stout and short man whose nickname was Big Ben, delivered a speech on the subject. After his speech another MP made the suggestion to call the bell Big Ben and his suggestion was accepted.

Weitere Hinweise:

Die hier gestellten Fragen können sich auf die verschiedensten Themen beziehen. Hier sollte es nicht um kuriose Fragestellungen gehen, sondern vielmehr um den kuriosen Charakter der jeweiligen Antwort. Die Übung bietet damit einen sinnvollen Sprechanlass, der die Schüler zum Nachdenken bringt.

Wer den Ursprung ähnlicher Sachverhalte wie in den Beispielen ergründen will, kann in Lexika oder im Internet fündig werden.

Die zu erwartenden Antworten hinsichtlich der Fragen auf den Kärtchen müssen zuvor im Unterricht erarbeitet worden sein.

kleine Döschen (z. B. Filmdöschen), die je einen Zettel mit einer Frage enthalten; Anzahl der Döschen hängt von der Anzahl der Schüler ab.

Durchführung:

- Lehrer gibt jedem Schüler ein Döschen.
- Schüler lesen ihrem Nachbarn die Frage aus ihrem Döschen vor, der sie beantworten soll.
- Einsammeln der Döschen bzw. Beantwortung offengebliebener Fragen.

Beispiel:

Thema: *The conflict in Northern Ireland*

1. *What is Sinn Fein?*
Sinn Fein is a political party that supported the IRA in its struggle for a united Ireland.

2. *What is the Orange Order?*
The Orange Order is an organisation of Protestants whose aim was to maintain Protestant rule in Northern Ireland.

3. *What does gerrymandering mean?*
Gerrymandering is a political term and it refers to the size of constituencies. When boundaries of constituencies are changed to the advantage of a certain group or party, we call this gerrymandering.

4. *What is the Good Friday Agreement?*
The Good Friday Agreement was signed in 1998 and its main aim was to reconcile Catholics and Protestants in Northern Ireland by giving them the possibility of sharing power.

5. *What are the goals of the IRA?*
The members of the IRA want to drive the British out of Ireland and their interest lies in a united and independent Ireland.

Weitere Hinweise:

In großen Klassen kann es aufwendig sein, für jeden Schüler eine individuelle Frage zu stellen. Da es unwahrscheinlich ist, dass nebeneinandersitzende Schüler die gleiche Frage bekommen und eine gegenseitige Erklärung somit nutzlos wäre, kann eine Frage auch mehrmals verwendet werden.

Mit diesem Fragespiel lassen sich landeskundliche Inhalte wie auch der Inhalt eines Textes reaktivieren.

keine besonderen Voraussetzungen

Tafel

Durchführung:

- Lehrer schreibt das aktuelle Thema in Großbuchstaben vertikal an die Tafel.
- Schüler suchen Begriffe, die sie mit dem Thema assoziieren und die mit den einzelnen Buchstaben anfangen.

Beispiel:

Thema: *Scotland*
S: *sheep, Skye*
C: *Celtic, castles*
O: *oil, Orkneys*
T: *thistle, tartan, tourism*
L: *Lowlands, lakes*
A: *Aberdeen*
N: *Nessie, nation*
D: *devolution, druids*

Weitere Hinweise:

Um auf Schülerseite Ein-Wort-Antworten zu vermeiden, sollte jeweils eine Begründung für die genannte Assoziation eingeholt werden. Mit den gefundenen Wörtern kann im Anschluss auch ein Gedicht geschrieben werden. Ebenso lässt sich eine Gruppierung nach Sinneinheiten vornehmen oder das für die Stunde anvisierte Thema wird herausgenommen und vertieft behandelt.

Schüler kennen die im Witz vorkommenden Wörter.

englischsprachiger Witz (wird mündlich erzählt oder auf Folie präsentiert)

Durchführung:

- Lehrer erzählt der Klasse Witz oder präsentiert ihn auf Folie.
- Schüler versuchen, Pointe zu erklären.
- Verwendete Klischees und Vorurteile werden herausgearbeitet und diskutiert.

Beispiele:

1. *Why would Scotsmen like to put Englishmen at the bottom of the ocean? They find that deep down, they're really not so bad.*
   Klischee: *Relations between the English and the Scottish are strained; Scottish desire for independence.*

2. *Why do they heat the knives in some Scottish restaurants? So that you can't use too much butter.*
   Klischee: *The Scottish are said to be stingy.*

3. *An American, a Scot and a Canadian were in a terrible car accident. They were all brought to the same emergency room, but all three of them died before they arrived. Just as they were about to put the toe tag on the American, he stirred and opened his eyes. Astonished, the doctors and nurses present asked him what had happened.*
   "Well," said the American, "I remember the crash, and then there was a beautiful light, and then the Canadian and the Scot and I were standing at the gates of heaven. St. Peter approached us and said that we were all too young to die, and that for a donation of $100, we could return to the earth. I pulled out my wallet and gave him the $100, and the next thing I knew I was back here." "That's amazing!" said one of the doctors. "But what happened to the other two?" "Last I saw them," replied the American, "the Scot was haggling over the price and the Canadian was waiting for the government to pay for this."
   Klischee: *Americans are rich, Scotsmen are thrifty, Canadians rely on the state.*

Weitere Hinweise:

Die in den Witzen verwendeten Klischees sollten im anschließenden Gespräch kritisch betrachtet und diskutiert werden.

Auch Schüler können aufgefordert werden, englischsprachige Witze zu erzählen oder sich in Vorbereitung auf die Stunde diesbezüglich kundig zu machen.

keine besonderen Voraussetzungen

CD-Spieler, ca. 5 Musikbeispiele auf CD, Arbeitsblatt mit Titeln der zu hörenden Songs

Durchführung:

- Schüler erhalten jeweils ein Arbeitsblatt.
- Von ca. 5 Liedern wird ein kurzer Ausschnitt vorgespielt.
- Schüler notieren auf ihrem Arbeitsblatt, was der jeweilige Song mit dem aktuellen Thema zu tun hat.
- Besprechung der Schülernotizen im Plenum.

Beispiele:

Thema: *Football*

1. *Hand in Hand by Koreana*
   football's international character, team spirit, it brings footballers and nations together
2. *Money, Money by ABBA*
   football's highly financial aspect, players are overpaid, merchandise, money put into advertising
3. *I Have a Dream by ABBA*
   footballers´ dream of winning the world cup, poor boys' dream of becoming a star and of having a good career
4. *We Are the Champions by Queen*
   the winner's feelings, celebrations, parties
5. *The Winner Takes It All by ABBA*
   spectators are mostly interested in the winning team

Weitere Hinweise:

Anstelle einer Auswertung im Klassenverband können auch einzelne Schüler gebeten werden, vor der Klasse anhand ihrer Aufzeichnungen ein kurzes Referat zu halten. Die Beiträge der Schüler können im Rahmen eines Lehrer-Schüler-Gesprächs ergänzt werden, um das Spektrum des Themas zu komplettieren.

Schüler besitzen Grundkenntnisse zum Thema aus den vorangegangenen Jahren.

evtl. Bilder und Realien zur Unterstützung

Durchführung:

- Lehrer hält der Klasse ein kurzes Referat, das die wichtigsten Aspekte des Themas aufnimmt.
- Schüler machen sich Notizen zum Vortrag.
- Schüler nehmen eine Nacherzählung des Lehrervortrags vor, relevante Informationen werden zusammengetragen.

Beispiel:

Thema: *Australia*
In 1770 Captain James Cook of the Royal Navy discovered Australia for the Europeans and claimed the eastern half for Great Britain. Cook found the place where his ship anchored so rich in plants and flowers that he called it Botany Bay. For the first white settlers, however, the new colony had none of the beauty its name seemed to express. After the American revolution prisoners from the crowded jails in Great Britain could no longer be shipped to North America to work on the plantations together with the African slaves. So Australia was chosen as the new convict colony. Only in the following century free settlers arrived in Australia. Due to the favourable climate the south and east coast were the first regions to be settled. By the middle of the 19th century gold was discovered in New South Wales. This triggered an influx of gold diggers who came from all over the world. During the days of the gold rush Australia's population grew enormously. Gradually the increasing number of the white population and the fact that more and more parts of the continent were explored and claimed by the white colonists provoked fights with the native population, the Aborigines. A combination of diseases, to which the Aborigines had no immunity, loss of land and direct violence reduced the Aboriginal population by an estimated 90 % between 1788 and 1900.
Today Australia's links with its colonial past are still obvious. First and foremost, there is the English language, further we can notice that the Australian flag includes the Union Jack, the fact that Australian pupils wear school uniform or the fact that Queen Elizabeth II is Australia's head of state. Australians love to play cricket – one of the cultural remains of the continent's past. Australia's beaches and its breathtaking scenery attract tourists from all over the world. Tourists also take interest in the country's spectacular flora and fauna and increasingly, in its Aboriginal past. In 2000 Sydney hosted the summer Olympics and pictures of the splendid opera house and the surrounding beaches were transmitted all over the world.

Weitere Hinweise:

Im Anschluss an die Nacherzählung kann ein Aspekt herausgegriffen werden, der vertieft behandelt werden soll. Im Sinne eines schülerzentrierten und schüleraktivierenden Unterrichts kann in häuslicher Vorbereitung von den Schülern ein Text zum Vortragen ausgearbeitet werden.

Thema sollte in einer früheren Jahrgangsstufe bereits behandelt worden sein.

Moderationskarten und Filzstifte (2–3 pro Schüler bzw. pro Arbeitsgruppe), Tafel und Magnete oder Pinnwand und Pinnnadeln

Durchführung:

- Lehrer teilt die leeren Karten aus und nennt ein geografisches Stichwort.
- Schüler schreiben ihre Assoziationen auf die Karten.
- Karten werden eingesammelt.
- Karten werden gemeinsam an der Tafel/Pinnwand nach Sinneinheiten geordnet, um einen ersten Überblick über das Thema zu bekommen.
- Sinneinheiten werden mit einer Überschrift versehen.

Beispiel:

Thema: *Canada*

Assoziationen:
Mounties, Rocky Mountains, Ottawa, grizzly bears, lakes, skiing, snowboarding, French, Commonwealth, forests, loneliness, salmon, adventure, freedom, Montreal, bilingualism, immigration, whale watching, Niagara Falls, Vancouver …

1. ***nature:*** *Rocky Mountains, Niagara Falls, grizzly bears, lakes, forests, salmon*
2. ***cities:*** *Montreal, Vancouver, Ottawa*
3. ***free time activities:*** *whale watching, skiing, snowboarding*
4. ***politics:*** *Commonwealth, immigration*
5. ***atmosphere:*** *loneliness, freedom*
6. ***history:*** *French, bilingualism*

Weitere Hinweise:

Der Lehrer übernimmt bei dieser Übung die Rolle des Moderators. Die Zuordnung der Karten zu den Sinneinheiten wird von den Schülern vorgenommen. Im Anschluss kann der Lehrer das nun zu betrachtende Thema herausgreifen und näher ausführen.

Die Übung ist als erster breit gefächerter Zugang für alle im Landeskundeunterricht relevanten Themen einsetzbar.

Große Klassen sollten aufgrund des Zeitaufwands in Gruppen eingeteilt werden, die dann gemeinsam zwei bis drei Karten beschriften.

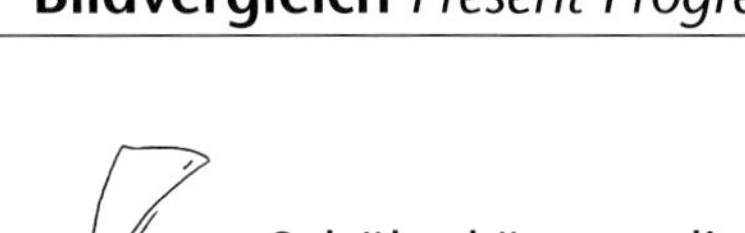

Schüler können die abgebildeten Aktivitäten benennen.

Overheadprojektor, Bildfolie mit zwei Bildern; darauf sind jeweils das gleiche Setting, aber etwas voneinander abweichende Tätigkeiten zu sehen (siehe Beispiel)

Durchführung:

- Lehrer legt Bildfolie auf.
- Schüler benennen unter Anwendung des *present progressive* die Unterschiede.

Beispiel:

1. *In picture 1 a woman is singing and in picture 2 she is dreaming.*
2. *In picture 1 a cat is jumping and in picture 2 it is sleeping.*
3. *In picture 1 a girl is holding something and in picture 2 she is singing.*
4. *In picture 1 a boy is phoning someone and in picture 2 he is holding his mobile.*
5. *In picture 1 a man is playing with a ball and in picture 2 he is carrying it.*
6. *In picture 1 two children are laughing and in picture 2 they are fighting.*

Weitere Hinweise:

Die Anfertigung der Zeichnungen ist etwas zeitaufwändig und setzt auch ein gewisses zeichnerisches Talent voraus! Eventuell findet sich ein begabter Schüler, der Lust hat, das Zeichnen zu übernehmen. Neben dem *present progressive* sind auch andere Strukturen auf diese Weise gut wiederholbar, wie beispielsweise das *past progressive* oder *has/have got.*

Schüler kennen grundlegende Satzstellungsregeln einschließlich der Stellung des *adverb of frequency.*

Karten in unterschiedlichen Farben (eine Farbe pro Satzglied)

Durchführung:

- Lehrer hält Karten hoch und erklärt die Bedeutung der Farben (z. B. gelb = *subject,* rot = *object,* blau = *verb,* grün = *adverb of frequency*).
- Karten werden an einzelne Schüler verteilt.
- Schüler mit Karten bilden in Absprache miteinander selbstständig einen korrekten Satz und stellen sich vor der Klasse in der richtigen Reihenfolge auf.
- In mehreren Durchgängen mit anderen Schülern wiederholen. Dabei sollen immer neue Subjekte und Verben verwendet werden.

Beispiele:

1. *Peter* (gelbe Karte) *sometimes* (grüne Karte) *plays* (blaue Karte) *tennis* (rote Karte).
2. *I* (gelbe Karte) *often* (grüne Karte) *read* (blaue Karte) *a book* (rote Karte).
3. *We* (gelbe Karte) *never* (grüne Karte) *forget* (blaue Karte) *our homework* (rote Karte).

Weitere Hinweise:

Solche Satzgliedkarten können auch im Rahmen anderer Übungen zur Satzstellung eingesetzt werden, beispielsweise für *adverbs of place and time* sowie für *questions* im *simple present* oder im *simple past.*

Schüler kennen die *simple-past*-Formen der dargestellten Aktivitäten.

Overheadprojektor, kleine Folien mit Zeichnungen von Strichfiguren, die verschiedene Handlungen zeigen

Durchführung:

- Lehrer legt nacheinander die Bildfolien auf.
- Zu jedem Bild wird die Frage gestellt *What did he/she do yesterday?*
- Schüler beantworten die Frage unter Nennung des Namens der Figur.

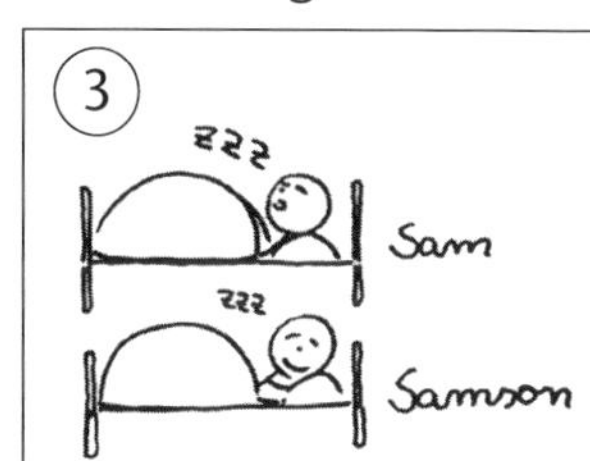

Beispiele:

1. *Becky drank water.*
2. *David ate something.*
3. *Sam and Samson slept in their beds.*
4. *Kim and Sarah ran to school as always.*
5. *John listened to music in his bedroom.*

Weitere Hinweise:

Die Handlungen der Figuren auf den Zeichnungen sollten nur angedeutet sein, damit der spekulative Charakter kommunikativ ausgenutzt werden kann. Nach der Besprechung der Zeichnungen kann die Impulsfrage direkt an die Schüler gerichtet werden, sodass es zu einer Beantwortung aus dem persönlichen Erfahrungsbereich kommt. Es schließt sich somit organisch die Wiederholung der Struktur an.

Die Übung ist auch auf die anderen Zeiten des Englischen übertragbar, indem die Impulsfrage entsprechend formuliert wird (*present progressive, present perfect, will-future, going-to-future*).

Schüler können die in den Anweisungen zur Zeichnung eventuell unbekannten Wörter semantisieren.

Schulheft, Lineal und Bleistift

Durchführung:

- Lehrer kündigt Diktat an und gibt die Anweisungen:
  Take your school exercise books, a pencil and a ruler. Start a new page.
  Draw a frame of 8 to 8 cm.
  Draw three vertical lines at equal distance to one another.
  Draw three horizontal lines at equal distance to one another.
  Find the centre of your frame.
  Draw a hand of 3 to 4 cm around the central point.
  Give a title to your drawing.
- Im anschließenden Unterrichtsgespräch müssen ggf. die Lexeme *prison* bzw. *prisoner* aufgegriffen werden, um zur Frage kommen zu können, deren Beantwortung die Verwendung des *will-future* notwendig macht.
- Lehrer gibt den Impuls: *It's the prisoner's last day in prison. What do you think will he do tomorrow?*

Beispiel:

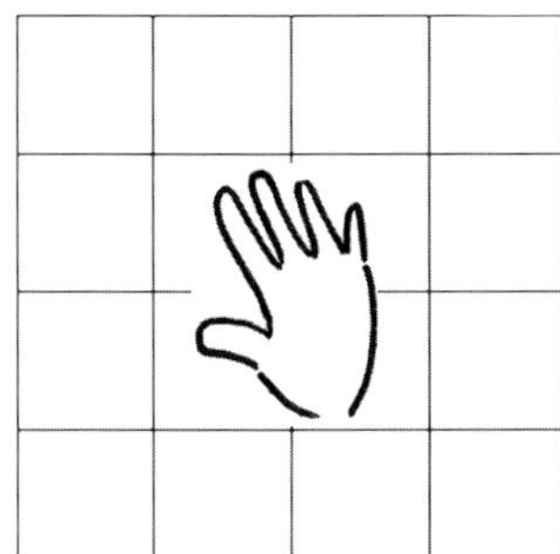

Mögliche Antworten:

1. *I think he will visit his family.*
2. *I think he will look for a job.*
3. *I think he will steal money again.*

Weitere Hinweise:

Diese Methode lässt sich mit entsprechenden Beispielen auf andere Zeiten im Englischunterricht übertragen. So kann das diktierte Bild eine Person in einer Urlaubssituation darstellen und mit den Fragen *What has he/she just done?/What has he/she already done?* das *present perfect* einleiten. Das von der Leitfrage ausgehende Gespräch über das Bild hält die Schüler dazu an, die gewünschte Zeitform anzuwenden und sich in ganzen Sätzen zu äußern. In Abwandlung der entsprechenden Impulsfrage lässt sich die Methode auch auf das *simple past* anwenden.

keine besonderen Voraussetzungen

Schulheft und Schreibzeug

Durchführung:

- Lehrer gibt der Klasse einen unrealistischen Kontext vor, z. B. *Imagine you won 10 million dollars last monday.*
- Lehrer stellt danach die Impulsfrage *What did you do with the money?*
- Jeder Schüler schreibt eine vorgegebene Anzahl von Antwortsätzen in sein Heft, einige Beispiele werden vorgetragen.

Beispiele:

1. *I bought a fast car and I bought lots of clothes. I flew to California and said hello to Arnold Schwarzenegger.*
2. *I gave some money to poor people and some money to my family. I booked a holiday to Australia and I bought a horse.*

Weitere Hinweise:

Ausgehend vom passenden unrealistischen Kontext und der geeigneten Leitfrage ist die Fantasiereise auch auf andere Zeiten des Englischen übertragbar, wie das *will-future* und das *going-to-future.*

In Klassenstufen, die bereits mit dem *conditional I* vertraut sind, kann die Übung mit der entsprechenden Frage *What would you do with the money?* eingeleitet werden.

Schüler kennen die im Fragebogen verwendeten Wörter.

Arbeitsblatt mit Fragebogen zum Ankreuzen (siehe Beispiel)

Durchführung:

- Lehrer teilt den Fragebogen aus und gibt 1–2 Minuten Zeit zur individuellen Beantwortung der Fragen.
- Gemeinsame Auswertung des Fragebogens, indem einige Schüler ihre Lösungen vortragen.

Beispiel:

What sort of person are you?

For each of the following questions, tick (x) only one answer which suits you best:

1. *How carefully do you do your homework?*
   a) *I do my homework very quickly.*
   b) *Sometimes I do it carefully, sometimes I don't do it carefully.*
   c) *I always do my homework carefully.*

2. *How beautifully can you draw?*
   a) *I draw very badly – my people look like monsters.*
   b) *I can draw quickly, but not beautifully.*
   c) *I am a master – I draw very beautifully.*

3. *How do you tell jokes?*
   a) *I tell jokes badly.*
   b) *I can tell jokes well.*

4. *How tidily do you write?*
   a) *I write tidily.*
   b) *I am not able to write tidily.*

5. *How do you talk to your teacher?*
   a) *I yell at him loudly.*
   b) *I talk to him angrily.*
   c) *I talk to him nicely.*

6. *How fast can you run?*
   a) *I run slowly because I don't like running.*
   b) *I run so fast that people cannot see me.*
   c) *I can run fast.*

Weitere Hinweise:

In einen anderen Kontext eingebettet, lässt sich der Fragebogen auch zu Stundenbeginn für die Wiederholung von Zeiten einsetzen. Soll das *going-to-future* behandelt werden, könnte die Überschrift lauten *Let's talk about next weekend,* zur Reaktivierung des *simple past* beispielsweise *Let's talk about your holidays.* Eine geschickte Steuerung führt auch zu den Konditionalsätzen.

Schüler können die benutzten Gegenstände benennen und kennen die Regeln zur Passivbildung.

im Klassenzimmer befindliche Gegenstände

Durchführung:

- Lehrer bittet Klasse, sich das Klassenzimmer für einige Augenblicke genau anzuschauen.
- Ein Schüler wird vor die Tür geschickt.
- Von den Mitschülern wird im Klassenzimmer eine Veränderung vorgenommen.
- Schüler wird hereingeholt und muss die Frage *What has been changed?* beantworten.
- Vorgang 2–3-mal mit unterschiedlichen Schülern wiederholen.

Beispiele:

1. *Our teacher's bag has been put on the floor.*
2. *The board has been closed.*
3. *A window has been opened.*
4. *Chairs have been changed.*
5. *A book has been thrown into the waste paper basket.*

Weitere Hinweise:

Das Spiel ist durch geschicktes Anpassen der Impulsfrage sowohl auf andere Zeiten im Aktiv übertragbar als auch auf Zeiten im Passiv. So wären für das *simple past* die Fragen *What did we do?* (aktiv) oder *What was done one minute ago?* (passiv) denkbar, für das *present perfect* zum Beispiel *What have we just done?*

keine besonderen Voraussetzungen

evtl. ein Ball (siehe „Weitere Hinweise")

Durchführung:

- Lehrer stellt der Klasse eine als Konditionalsatz formulierte Frage (z. B. *What would you do if …?*).
- Ein Schüler formuliert eine Antwort darauf.
- Ein weiterer Schüler nimmt den genannten Inhalt auf und entwickelt daraus einen weiteren Konditionalsatz. Hier sind Witz und Fantasie gefragt!
- Diese Aneinanderkettung kann beliebig fortgesetzt werden.

Beispiele:

What would you do if an elephant entered the classroom?

1. *If an elephant entered the classroom, I would phone the zoo.*
2. *If I phoned the zoo, I would ask for a free ticket.*
3. *If I had a free ticket for the zoo, I would visit the snakes.*
4. …

What would you do if Brad Pitt came into our classroom?

1. *If Brad Pitt came into our classroom, I would ask for an autograph.*
2. *If he gave me an autograph, I would be very happy.*
3. *I would be happier if Angelina Jolie visited us.*
4. …

What will you do if there is no homework today?

1. *If there is no homework today, I will go swimming.*
2. *If I go swimming, I will take a book with me.*
3. *If I take a book with me, I won't take my mp3-player.*
4. …

Weitere Hinweise:

Wie aus den Beispielen hervorgeht, kann die Satzschlange auf alle Konditionalsatz-Typen angewendet werden. Das Spiel bekommt noch mehr Dynamik, wenn ein Ball von Schüler zu Schüler geworfen wird, um anzuzeigen, wer den nächsten Konditionalsatz finden soll.

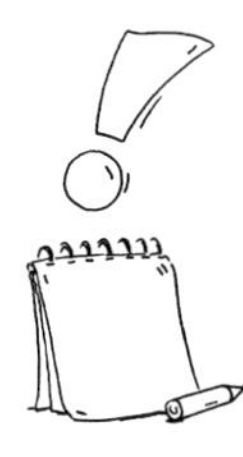

Schüler kennen die Regeln zur Verschiebung der Zeiten in der indirekten Rede; Schüler sitzen in längeren Reihen nebeneinander.

kein Material

Durchführung:

- Schüler, die an der einen Seite einer Bankreihe sitzen, überlegen sich jeweils einen Satz mit mindestens 3 Wörter und flüstern ihn ihrem Nachbarn ins Ohr.
- Der Satz wird von Schüler zu Schüler bis ans andere Ende der Bankreihe weitergeflüstert.
- Der letzte Schüler jeder Reihe sagt laut in der indirekten Rede, was er verstanden hat.
- Der jeweils erste Schüler sagt in der indirekten Rede laut, was er tatsächlich gesagt hat.

Weitere Hinweise:

Um zu einer Wiederholung aller möglichen Zeitverschiebungen zu kommen, kann an bestimmte Schüler der Auftrag ergehen, den Satz in einer vom Lehrer vorgegebenen Zeit zu formulieren.

Schüler sind mit dem aktuellen Lehrbuchtext vertraut.

Overheadprojektor, Folie mit 1–2 Abschnitten des Lehrbuchtextes in Handschrift (löschbaren Folienstift verwenden)

Durchführung:

- Lehrer legt Folie auf.
- Ein Schüler liest den Text vor.
- Klasse wird aufgefordert, die Augen zu schließen.
- Lehrer löscht einige Wörter des Textes.
- Ein Schüler liest den verbliebenen Text vor und versucht dabei, aus dem Gedächtnis die richtigen Wörter in die Lücken zu setzen.
- So lange wiederholen, bis die leere Folie „vorgelesen" wird.

Beispiel:

Ausgangstext
Bob is a funny and intelligent dog. He is black and brown and a very nice dog. He loves ice cream and chocolate, but he hates cats. Bob likes John, the budgie. John has got his cage next to Bob's basket in the kitchen.

1. Schritt
Bob is a ______ and intelligent ______. He is black and ______ and a very nice dog. He loves ice cream and ______, but he hates ______. Bob likes John, the budgie. John has got his ______ next to Bob's basket in the kitchen.

2. Schritt
______ is a ______ and intelligent ______. He is black and ______ and a very nice dog. He ______ ice cream and ______, but he hates ______. Bob likes John, the ______. John has got his ______ next to Bob's ______ in the ______.

3. Schritt
______ is a ______ and ______. He is ______ and ______ and a very nice dog. He ______ ice cream ______, but he hates ______. Bob ______ John, the ______. John ______ his ______ Bob's ______ in the ______.

4. Schritt
…

Weitere Hinweise:

Eine vertiefende Betrachtung des gelesenen Abschnitts oder die Wiederholung anderer Abschnitte kann sich anschließen. Die Methode ist gut geeignet, wenn Schüler ein Gedicht auswendig lernen sollen.

Schüler sind mit dem aktuellen Lehrbuchtext vertraut.

Lehrbuch

Durchführung:

- Schüler halten ihre Bücher geschlossen.
- Lehrer liest der Klasse den Text vor und stoppt immer wieder nach Satzanfängen oder in der Mitte von Sätzen.
- Schüler müssen aus dem Gedächtnis den Satz zu Ende führen.

Weitere Hinweise:

Die Lehrerrolle kann auch an Schüler abgegeben werden, um deren Lesekompetenz vor der Klasse zu stärken.

Schüler kennen die zu erratende Figur.

Namensschilder, jeweils mit dem Namen einer Person, z. B. einer Figur aus dem Lehrbuch (das Schild soll so groß sein, dass es auch von den hinteren Reihen gelesen werden kann)

Durchführung:

- Lehrer wählt Freiwilligen aus und klebt ihm eines der Schilder so auf den Rücken, dass er es nicht sehen kann. Der Schüler soll nun die auf dem Schild genannte Figur sein.
- Schüler stellt Fragen an die Klasse, um herauszufinden, wer er ist.
- Ist die Identität nach 2 Minuten nicht erraten, wird die Antwort präsentiert.
- Prozedere anhand von 2–3 Figuren wiederholen.

Beispiel:

Am I a girl?	*No, you're not.*
Am I a boy?	*No, you're not.*
Am I an animal?	*Yes, you are.*
Can I fly?	*No, you can't.*
Can I bark?	*No, you can't.*
Am I grey?	*You can be grey.*
Can I jump?	*Yes, you can.*
Am I a cat?	*Yes, you are.*

Weitere Hinweise:

Wie das Beispiel zeigt, muss die zu erratende Figur nicht unbedingt eine Person sein, sondern es kann sich beispielsweise auch um ein Tier handeln. Die Perspektive kann umgedreht werden, indem die Klasse erraten soll, wer vor ihr steht. Aus den Beispielen geht hervor, dass sich nicht nur eine organische Überleitung zu einem Text herstellen lässt, sondern dass die Methode auch gezielt Strukturen festigt wie *questions* und *short answers.*

Schüler sind mit dem aktuellen Lehrbuchtext vertraut.

kein Material

Durchführung:

- Lehrer gibt den aktuellen Lehrbuchtext mündlich wieder und baut dabei inhaltliche Fehler ein.
- Schüler verbessern die Fehler, indem sie sich spontan melden.

Weitere Hinweise:

Das Verbessern der Fehler kann auch schriftlich erfolgen. Wenn sich die Schüler Notizen machen sollen, muss etwas mehr Zeit eingeplant werden (8–10 Minuten).

Die Rolle des Erzählers kann an einzelne Schüler abgegeben werden, um das freie Sprechen zu fördern. Allerdings ist es dann ratsam, dass sich die Schüler in häuslicher Arbeit darauf vorbereiten können.

Schüler sind mit dem aktuellen Lehrbuchtext vertraut.

Overheadprojektor, Folien mit selbst angefertigten Zeichnungen zum aktuellen Lehrbuchtext, diese enthalten inhaltliche Fehler

Durchführung:

- Lehrer legt Folie auf.
- Schüler beschreiben die Bilder und benennen die Fehler im Vergleich zum tatsächlichen Inhalt des Textes.

Weitere Hinweise:

Die Anfertigung der Zeichnungen kann auch in Schülerhand gegeben werden. In diesem Zusammenhang bietet es sich an, die Schüler an die Methode „Lernen durch Lehren" heranzuführen, indem sie ihre eigenen Zeichnungen selbst mit den Mitschülern besprechen.

4.6 Standbild

Schüler wissen, was ein Standbild ist.

ca. 5 Karten, auf denen Szenen aus dem Lehrbuchtext genannt sind, zu denen ein Standbild gebaut werden kann

Durchführung:

- Lehrer wählt 2–3 freiwillige Schüler aus und zeigt ihnen auf einer Karte, welches Standbild gebaut werden soll.
- Schüler gehen kurz vor die Tür, um ihr Standbild zu besprechen.
- Nach dem Hereinkommen wird das Standbild gebaut.
- Klasse errät – evtl. durch zusätzliches Fragen – die dargestellte Szene.
- Vorgang kann evtl. mit anderen Schülern und 2–3 weitere Textszenen wiederholt werden.

Weitere Hinweise:

Die Methode kann auch eine Unterrichtsstunde, in der ein Text neu eingeführt wurde, animierend abrunden.

Schüler kennen die Bedeutung der Wörter in dem Sprichwort.

Overheadprojektor, Folie mit englischem Sprichwort, das in Zusammenhang mit dem aktuellen Thema oder Lehrbuchtext steht

Durchführung:

- Lehrer legt Folie auf.
- Aussage des Sprichworts wird im gemeinsamen Klassengespräch erarbeitet.
- Aussage wird auf den aktuellen Text übertragen.

Beispiele:

1. *Still waters run deep.*
   Someone who is a quiet person may be very emotional or have a lot of knowledge.

2. *Better late than never.*
   You use the proverb to express that you are happy that someone has finally done something though he or she has done it very late.

3. *One can't have one's cake and eat it too.*
   The proverb means that one cannot have all the advantages of something without its disadvantages.

Beispiele für weitere Sprichwörter:
A friend in need is a friend indeed.
Every cloud has a silver lining.
Blood is thicker than water.
An ounce of prevention is worth a pound of cure.
The grass is always greener on the other side of the fence.
Charity begins at home.
All that glitters is not gold.
Spare the rod and spoil the child.
All's well that ends well.

Weitere Hinweise:

Die Schüler sollten die Sprichwörter schriftlich festhalten, damit sie sich nach und nach einen kleinen Pool an feststehenden Wendungen aufbauen.

Die Übung kann abgewandelt werden, indem das Sprichwort in Teile zerschnitten als eine Art Puzzle präsentiert wird und die Schüler den Satz erst generieren müssen, bevor es zur Besprechung kommt. Statt der Sprichwörter können auch geeignete Zitate verwendet werden.

Schüler kennen die Figuren, um die es geht.

Namensschildchen (am besten Etikettenaufkleber) mit den Namen der Hauptcharaktere des Lehrbuchtextes

Durchführung:

- Schüler nehmen wie in einer Talk-Runde auf Stühlen vor der Klasse Platz.
- Sie erhalten jeweils ein Namensschildchen und schlüpfen damit in die Haut der jeweiligen Person.
- Die Klasse stellt den Personen Fragen zu deren Lebenslauf, Einstellungen, Plänen, Charakter etc.
- Die Schüler aus der Talk-Runde antworten aus der Perspektive der von ihnen dargestellten Person.

Weitere Hinweise:

Um ein interessantes Gespräch entstehen zu lassen, sollte von Lehrerseite darauf geachtet werden, dass offene Fragen mit echtem Inhaltskern gestellt werden.

Je älter und sprachgewandter die Schüler sind, desto mehr kann in die Analyse und Interpretation der Figuren eingestiegen werden.

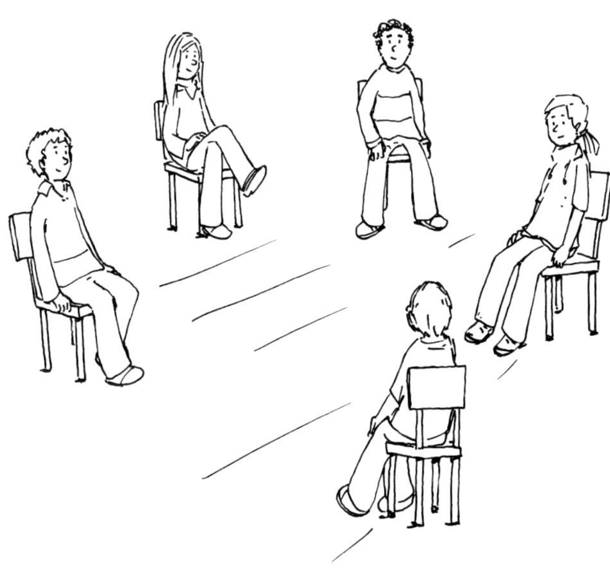

Schüler kennen den Text oder den Roman, auf den sich die Bilder beziehen.

Kärtchen mit symbolhaften Bildern zum behandelten Text/Roman (mehrere gleiche Kartensätze, diese zu jeweils mindestens so vielen Kärtchen, wie Schüler in einer Bankreihe sitzen)

Durchführung:

- Lehrer teilt pro Bankreihe einen Satz an Bildkarten aus.
- Jeder Schüler soll sich das Bild nehmen, das ihm am besten gefällt.
- Schüler beschreiben ihr Bild und den Zusammenhang zum Inhalt des Romans.

Beispiel:

Thema: *About a Boy (Nick Hornby)*

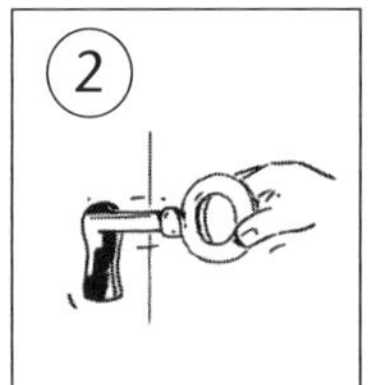

1. *My picture shows the symbols of men and women. I can see tight figures that are not connected. The novel deals with gender problems. I can think of two examples, namely Will and his love affairs and Fiona who is divorced.*
2. *In my picture I can see a hand that is holding a key. Someone is opening a door. For me, the connection between the picture and the novel is that in the novel keys to lots of problems have to be found.*
3. *In my picture there is a cup of coffee and there is a hand coming out of the coffee. It looks like a hand that needs help. In the book lots of people need help. Fiona needs help because she cannot cope with her life. Marcus needs help because he is having a difficult time with his mother. Will needs help to gradually become an adult.*
4. *My picture shows a man in a bottle. The man seems to be crying for help, but obviously he is unable to free himself. In the novel Will needs Marcus' friendship to become a responsible and reliable adult. So in the end, Will has got rid of his problems.*

Weitere Hinweise:

Wenn es im Klassenraum keine Bankreihen gibt, können die Schüler Gruppen bilden, innerhalb derer jeweils ein Kartensatz aufgeteilt wird.
Besteht der Kartensatz nicht aus zu speziellen Bildern, lassen sich diese auf verschiedene Ganzschriften oder *short stories* anwenden. Es kann auch an die Schüler der Auftrag ergehen, selbst ein Bild mitzubringen, das sie persönlich mit dem Roman in Verbindung bringen.

Schüler kennen den Text oder den Roman, auf den sich die Übung bezieht.

pro Zweiergruppe ein Arbeitsblatt mit einer Tabelle zur Einschätzung des Charakters einer Person (siehe Beispiel)

Durchführung:

- Jeweils 2 Schüler arbeiten zusammen und bekommen ein Blatt.
- Lehrer erklärt, dass eine Einschätzung des Charakters einer Person anhand einer Zahlenskala von 1 bis 4 vorgenommen werden soll:
  - 1: Charakterzug sehr schwach ausgeprägt
  - 4: Charakterzug sehr stark ausgeprägt
- Schüler falten das Blatt in der Mitte der Tabelle (zwischen 4 und 4).
- Nacheinander nehmen die Schüler ihre Einschätzung vor, indem sie jeweils auf einer Blattseite Kreuze setzen.
- Schüler vergleichen in Partnerarbeit ihre Ergebnisse und diskutieren Abweichungen.
- Meinungen werden im Plenum diskutiert.

Beispiel:

Thema: *Ireland/The Sniper (Liam O'Flaherty); the Sniper´s character*

FEATURE	**1**	**2**	**3**	**4**	**4**	**3**	**2**	**1**	**FEATURE**
brave			x			x			*brave*
creative		x				x			*creative*
ambitious				x		x			*ambitious*
intelligent			x				x		*intelligent*
submissive	x							x	*submissive*
reliable			x				x		*reliable*

Weitere Hinweise:

Die vorgestellte Methode lässt sich auch in der Wortschatzarbeit einsetzen, wenn gezielt das Wortfeld zur Charakterisierung von Menschen erweitert werden soll. In einer Lernzielkontrolle können dann die Schüler sich selbst und ihren Nachbarn auf der Skala einschätzen.

keine besonderen Voraussetzungen

Tafel

Durchführung:

- Lehrer schreibt kommentarlos die Frage *What do you want to learn today?* an die Tafel.
- Schüler sollen begründete Antworten geben.
- Auf Schülerantworten wird eingegangen, fundierte Ansätze werden aufgenommen, unbegründete Beiträge zurückgewiesen.
- Nach dem Sammeln der Meinungen werden alle genannten Aspekte in einer Zusammenschau evaluiert.

Weitere Hinweise:

Bei dieser Übung geht es darum, die Schüler zum Nachdenken und zu einer reflektierten, begründeten und klar formulierten Stellungnahme zu animieren. Nach der kurzen Einstiegsphase kann beispielsweise eine Sammlung gängiger Verben, die im Zusammenhang mit Meinungsäußerungen verwendet werden, erarbeitet werden (*to my mind, in my opinion, I hold the opinion* etc.).

keine besonderen Voraussetzungen

pro Schüler ein grünes, ein rotes und ein gelbes Abstimmungskärtchen, ca. 5 Aussagen mit Diskussionspotenzial

Durchführung:

- Lehrer teilt jedem Schüler einen Satz Abstimmungskärtchen aus.
- Lehrer erläutert, dass die rote Karte für *I don't agree* steht, die grüne für *I agree* und die gelbe für *I don't know.*
- Lehrer trägt eine Aussage vor, die zum Nachdenken und Diskutieren anregt.
- Durch Hochhalten der Kärtchen signalisieren Schüler Zustimmung, Ablehnung oder Unentschiedenheit.
- Lehrer fordert einzelne Schüler auf, ihre Entscheidung zu begründen. Es kann eine kleine Diskussion entstehen.
- Je nach Zeitrahmen kann der Vorgang mit ca. 5 verschiedenen Aussagen wiederholt werden.

Beispiele:

Thema: *Violence*

1. *People enjoy violence.*
2. *People are treated badly in their families and then are violent to others when they grow up.*
3. *Violence gives identity.*
4. *We can't do anything about violence because we are born with the gene in us.*
5. *Physical violence is worse than emotional violence.*

Weitere Hinweise:

Mit dieser Aktivität können Diskussionen zu den unterschiedlichsten Themen angeregt werden. Die Abstimmungskärtchen kommen auch wirkungsvoll am Ende einer Vertiefungsphase zum Einsatz. In diesem Fall sollte während der Stunde eine Phase der Still-, Partner- oder Gruppenarbeit zum Austeilen der Kärtchen genutzt werden, um Zeitverlust am Ende der Stunde zu vermeiden.

Die Schüler können sich die Kärtchen ohne Aufwand selbst anfertigen, indem sie drei Blätter Papier mit jeweils einem gut sichtbaren grünen, roten und gelben Zeichen versehen. Die Karten können bei den Schülern verbleiben und sind dann stets einsatzbereit.

Schüler beherrschen die Methode des *note-taking* zur Vorbereitung eines Kurzvortrags.

Tafel, Stoppuhr, Notizzettel und Stift

Durchführung:

- Lehrer notiert an der Tafel eine Frage oder Überschrift, zu der die Schüler eine kleine Stellungnahme (*one-minute-statement*) vorbereiten sollen.
- Schüler haben eine Minute Zeit, um sich Gedanken und Notizen zu machen.
- Ca. 3 Schüler tragen ihre Überlegungen vor, wobei jeder genau eine Minute Zeit zum Sprechen hat.

Beispiele:

Thema: *The media*

1. *The importance of the Internet for my life*
2. *The media and their dangers*
3. *The advantages of newspapers as compared with TV*
4. *What do you expect of a good newspaper?*
5. *Would your life change for better or for worse if you had to live without your mobile?*

Weitere Hinweise:

Diese äußerst schüleraktivierende Methode kann im Rahmen vieler Themenbereiche zum Einsatz kommen. Die Schüler sind nicht nur angehalten, eine Frage inhaltlich zu durchdenken, sondern schulen auch ihre Präsentationskompetenz. Je nachdem, zu welchem Thema in der Stunde anschließend übergeleitet werden soll, kann im Zuge der Auswertung das Augenmerk auf das Präsentieren oder auf den Inhalt gelegt werden.